Manual de vida

Epicteto

Manual de vida

ADAPTACIÓN DE LA TRADUCCIÓN
DE JOSÉ ORTIZ Y SANZ

GREAT IDEAS

taurus

Papel certificado por el Forest Stewardship Council®

Penguin
Random House
Grupo Editorial

Primera edición: septiembre de 2023

© 2023, Penguin Random House Grupo Editorial, S. A. U.
Travessera de Gràcia, 47-49. 08021 Barcelona

Esta obra pertenece a la serie Great Ideas, publicada originalmente
en inglés en Gran Bretaña por Penguin Books Ltd.
© Nora Grosse, por la cubierta

Printed in Spain – Impreso en España

ISBN: 978-84-306-2627-4
Depósito legal: B-12.054-2023

Compuesto en Arca Edinet, S. L.
Impreso en Liberdúplex,
Sant Llorenç d´Hortons (Barcelona)

TA 2 6 2 7 4

Manual de vida

I

De las cosas, unas están en nuestro arbitrio y otras no. Están en nuestro arbitrio la opinión, el apetito, el deseo, la aversión: en resumen, todas nuestras acciones. No están en nuestro arbitrio el cuerpo, la riqueza, la gloria, el poder de dirigir: en resumen, todo cuanto no son nuestras acciones.

2

Las cosas que están en nuestro arbitrio son por naturaleza libres, no pueden impedirse ni prohibirse. Las que no están en nuestro arbitrio son débiles, esclavas, están sujetas a impedimentos, nos son ajenas.

3

Recuerda, pues, que si tienes por libres cosas que por naturaleza son esclavas, y por propias las ajenas, te verás
impedido, llorarás, te inquietarás, te quejarás de los dioses y de los hombres. Pero si crees tuyo solamente lo que
es tuyo, y ajeno lo que es ajeno, nadie te apremiará jamás, nadie te pondrá estorbos, no te quejarás de nadie, a
nadie acusarás, no harás nada por la fuerza, nadie te causará daño, no tendrás enemigos ni padecerás calamidad
alguna.

4

Aspirando, pues, a tan grandes cosas, ten presente que no debes permitirte inclinación alguna, por leve que sea, hacia la consecución de otras; debes saber que algunas de ellas puede que no las obtengas nunca, y que otras tantas pueden postergarse a otro tiempo. Pero, si las deseas, y también deseas el poder y las riquezas, puedes perder las segundas por el deseo de las primeras, y sin duda perderás aquellas que ayudan a conseguir la felicidad y la libertad.

5

Cuando se te presente algún asunto áspero y malo, di que se trata de una apariencia fantástica y no de lo que es real. Después examínalo mediante las reglas de las que dispones: primera y principalmente, si aquella visión es de las cosas que dependen de nuestro arbitrio o de las que no. Si es de las que no dependen de nuestro arbitrio, a mano tienes el decir que no te pertenece.

6

Recuerda que el verdadero anuncio de lo que se desea es la consecución real de lo deseado; y el de la aversión, no caer en aquello de lo que se huye. Quien no logra su deseo es desafortunado; quien cae en lo que procura evitar es infeliz. Si huyes, pues, solo de las cosas indeseables que dependen de tu arbitrio, no caerás en ninguna de las que quieres evitar. Pero, si pretendes huir de las enfermedades, de la muerte, de la pobreza, serás infeliz.

7

Retira, pues, tu aversión de todas las cosas que no están en nuestro arbitrio, y ponla en las cosas indeseables que sí lo están. Por ahora contén del todo tus deseos, porque, si los diriges a cosas que no están en nuestro arbitrio, necesariamente saldrás mal. De las que están en nuestro arbitrio, aún no sabes cómo han de desearse con honestidad. Recurre, pues, a los movimientos internos de deseo o aversión, pero discretamente, con tacto y moderación.

8

En cuanto a las cosas que elevan el ánimo, que traen provecho o que tenemos en estima, recuérdate a ti mismo cuál es su naturaleza, empezando por las más pequeñas. Por ejemplo, si estimas una vasija, piensa que no es más que una vasija que estimas; no te inquietarás aunque se quiebre. Si amas a tu hijo o a tu mujer, piensa que amas a un ser mortal; así, no perderás la calma aunque muera.

9

Cuando hayas de emprender alguna tarea, recuérdate a ti mismo cuál es su naturaleza. Si sales para ir a bañarte, por ejemplo, piensa en los hechos que suceden en el baño, como que allí algunos salpican, otros incomodan y empujan, otros hablan mal, otros hurtan. Así, procederás con más seguridad si te dices a ti mismo: «Quiero bañarme luego, y que mi voluntad bien ponderada se mantenga en conformidad con la naturaleza». Y así harás en otras situaciones, de manera que, si en el baño sucediera algún inconveniente, dirás al punto: «No quise solo bañarme, sino mantener mi voluntad en conformidad con la naturaleza. Y es cierto que no la mantendría si me indignase por las cosas que allí puedan suceder».

Contarán para los hombres no las cosas que ocurren, sino las opiniones que de ellas tienen. Por ejemplo, la muerte no es nada horrible, porque, si lo fuera, así lo habría sentido Sócrates. Lo que sí es horrible es la opinión de que la muerte es horrible. Así pues, cuando estemos impedidos o intranquilos, nunca echemos la culpa a los demás, sino a nosotros mismos, esto es, a nuestras opiniones. Es cosa de hombre rudo echar la culpa a otro en lo que a él le va mal; echársela a sí mismo lo es de quien empieza a instruirse; y del erudito es propio no echársela a sí mismo ni a otro.

II

No te jactes de ningún mérito ajeno. Si un caballo se alabase a sí mismo diciendo: «Hermoso soy», podría tolerarse. Pero, si tú dices, jactándote: «Tengo un hermoso caballo», que sepas que te jactas por un buen caballo. Pues ¿qué hay ahí tuyo? Solo el uso de las apariencias. Así, cuando en el uso de las apariencias procedas en conformidad con la naturaleza, jáctate, pues lo harás de un bien tuyo.

12

Así como en un viaje en barco, llegada la nave a un fondeadero, si saltas a tierra a buscar agua, por el camino puedes recoger caracolas o bulbos, pero debes estar atento a la nave y tener siempre dirigida la atención allá, no sea que el patrón llame, en cuyo caso has de dejar todas aquellas cosas para que no te lleven atado como a las bestias; así también en la vida, si te son dados, como bulbos y caracolas, consorte e hijo, eso no será impedimento. Pero, cuando el patrón llame, corre a la nave y deja todas aquellas cosas sin volverte a mirarlas. Aun si eres viejo, no te alejes mucho del bajel, no sea que cuando te llamen ya estés lejos.

13

No quieras que las cosas que suceden sucedan según tu voluntad y gusto. Por el contrario, conténtate con que sucedan tal como lo hacen, así obrarás rectamente. La enfermedad es impedimento del cuerpo, pero no de la voluntad si esta no lo quiere así. La cojera es impedimento de las piernas, pero no de la voluntad. Si discurres de esta forma sobre las otras cosas que suceden, hallarás que son impedimento de otro, pero no tuyo.

14

En cualquier cosa que te suceda, entra en ti mismo y acuérdate de examinar qué poder tienes para servirte de ella.
Si ves a una mujer hermosa, llamarás en auxilio a la vir-
tud de la continencia. Si se te presenta el trabajo, hallarás
la de la fortaleza. Si te maltratan, hallarás la de la pacien-
cia. Acostumbrándote así, no se apoderarán de ti las apariencias.

15

Nunca digas sobre nada «Lo he perdido», sino «Lo he restituido». ¿Ha muerto tu hijo? Ha sido restituido. ¿Ha muerto tu mujer? Ha sido restituida. ¿Te han robado tierras? También han sido estas restituidas. «Pero fue un mal hombre el que me las quitó». ¿Qué injusticia te hace que aquel que te lo dio lo haya reclamado de nuevo para sí? Tenlo por ajeno todo el tiempo que te lo concede, como hace el caminante en la posada.

Si quieres progresar, olvídate de los siguientes pensa-
mientos: «Si descuido mis cosas, no tendré qué comer».
«Si no castigo a mi sirviente, será malo». Mejor es morir
de hambre, libre de aflicción y miedo, que vivir entre
abundancia con el ánimo turbado. Mejor es que tu sirviente sea malo que tú infeliz.

17

Así pues, comienza por las cosas pequeñas. ¿Se derrama un poco de aceite? ¿Hurtan un poco de vino? Pues concluye que a tan poca costa compras la tranquilidad de tu espíritu, a tan poca costa tu sosiego. De balde, nada se consigue. Cuando llames a tu sirviente, considera que puede suceder que no te oiga; o que, si te oye, no haga lo que deseas. Tu sirviente no es tan importante que de él dependa el que tú no te inquietes.

18

Si quieres progresar, permite que por las cosas externas te juzguen estúpido y necio. No quieras parecer sabio; y si se lo parecieras a algunos, desconfía de ti mismo. Debes saber que no es fácil conservar tu decisión en conformidad con la naturaleza y atender a la vez a las cosas exteriores. Es preciso que quien se cuida de lo uno se olvide de lo otro.

19

Si pretendes que tus hijos, tu mujer y tus amigos vivan siempre, eres un necio, pues quieres que esté en tu poder lo que no lo está, y que lo que es ajeno sea tuyo. Igualmente eres necio si quieres que tu sirviente no caiga en falta alguna, pues pretendes que el vicio no sea vicio, sino otra cosa. Si quieres, pues, alcanzar lo que deseas, debes hacerlo deseando solamente aquello que te es asequible.

20

Dueño de alguien es aquel que puede otorgar o quitar todo aquello de lo que ese alguien pretende o rehúye. Quien desee, pues, ser libre, que no anhele ni deseche nada que esté en poder ajeno. De lo contrario tendrá que esclavizarse.

21

Ten presente que en esta vida es menester comportarse como en un convite. ¿Llega un plato a ti? Alarga la mano y toma moderadamente. ¿Pasa de largo? ¿No ha llegado a ti? No extiendas hacia allá tu codicia, sino espera a que llegue. Procede así con tus hijos, con tu mujer, con los magistrados, con las riquezas, y serás digno convidado de los dioses. Si, además, no tomases nada de lo que te presentan, no solo serás convidado de los dioses, sino también consorte de su reino. Haciéndolo así, Diógenes, Heráclito y otros con razón eran tenidos por divinos, como así lo eran.

22

Cuando veas que alguno llora la ausencia de un hijo, o la pérdida de bienes, procura que aquello no te induzca a creer que esa persona padece por cosas externas: antes debes distinguir contigo mismo, y decir sin tardanza, que a tal persona no le aflige aquel suceso (pues a otro no le aflige), sino la aprehensión o la opinión que se ha formado de él. Así pues, no dejes de socorrerlo con tus consejos, ni de acompañarlo con el llanto si así la suerte lo dispone, pero vigila que tu llanto sea solo externo.

23

Acuérdate de que tú eres el actor de un drama tal como lo quiso plantear su autor, ya sea breve o largo. Si quiere que representes a un mendigo, represéntalo bien; y lo mismo si un cojo, si un príncipe, si un plebeyo. Lo que te incumbe a ti es representar bien el papel que te encargan, pero elegirlo le corresponde a otro.

24

Si el cuervo grazna ominoso, que no te conmueva su agüero. Di luego: «Nada anuncia contra mí, sino solo contra mi cuerpo, contra mis haberes, contra mi opinión, contra mis hijos, contra mi mujer. Para mí, todos los agüeros serán alegres si yo quiero, pues de cualquier cosa que suceda puedo sacar provecho».

25

Nunca serás vencido si nunca entras en un combate en el que vencer no esté en tu mano.

26

Si vieras a alguien entre honores, poder, o de cualquier otro modo engrandecido, guárdate bien de, confundido por las apariencias, llamarlo feliz. Porque, si la esencia de la tranquilidad reside en las cosas sujetas a nuestro arbitrio, ahí no tendrán cabida la envidia ni la emulación. Así pues, no desees ser general de tropas, senador ni cónsul, sino libre. Para esto no hay más que un camino, que es el de desestimar las cosas que no está en nuestra mano conseguir.

27

Acuérdate de que no es quien injuria o hiere el autor de la ofensa, sino la opinión del que considera estas cosas ofensivas. Cuando alguno, pues, te irrite, has de saber que solo es tu juicio el que se irrita, y debes cuidar mucho de no dejarte arrastrar por él, pues, si logras alguna detención o calma, más fácilmente serás dueño de ti.

28

Ten siempre a tu vista la muerte, el destierro y demás cosas que se tienen por adversas, pero sobre todo la muerte. Así nunca tendrás en tu ánimo ninguna bajeza, ni anhelarás desmedidamente cosa alguna.

29

¿Deseas dedicarte a la filosofía? Convéncete de que han de reírse, que han de hacerte burla, que han de decir que de repente te has hecho filósofo y, en fin, que de dónde habrá venido tal fasto. Pero tú no tengas fasto alguno, y las cosas que te parezcan óptimas, retenlas, como puestas por Dios en ese orden, acordándote de que, si perseveras en ello, te admirarán los mismos que antes se burlaban. Ahora bien, si caes de ese estado, se burlarán de ti dos veces.

Si alguna vez vuelves tu atención hacia lo externo al querer agradar a otro, que sepas que te habrás desviado del camino correcto. Bástate en todo con ser filósofo, pero, si quieres también parecerlo, parécetelo a ti mismo, y no es menester más.

Que no te molesten estos discursos: «Careceré de honores, no seré nadie en ninguna parte». Si carecer de honores es un mal, no puedes caer en el mal por una obra
ajena, sino por el vicio. ¿Acaso depende de tu arbitrio el
ser elegido para un cargo público o ser convidado a un
banquete? ¡De ningún modo! Pues ¿qué deshonor es ese?
¿Qué no ser nadie? ¿Y por qué no puedes verte en el puesto más eminente empleándote solo en las cosas que están
en tu mano? «Pero mis amigos quedarán desasistidos».
¿A qué llamas tú «desasistido»? ¿Es que no les darás dinero
ni los harás ciudadanos? ¿Quién te ha dicho que esas cosas
son de las que están en nuestro arbitrio y no en el ajeno?
¿Y quién puede dar a otro lo que él no tiene? «Procura tener para que también tengamos nosotros». Enseñadme
vosotros el camino por donde puedo procurarlo sin perder el rubor, la fe, la grandeza de ánimo, y lo procuraré
luego. Pero, si pedís que yo pierda mis bienes para que
vosotros adquiráis los que no son vuestros, ved lo injus-
tos y lo necios que sois. ¿Qué apreciáis más, el dinero o a
un amigo leal y modesto? Para esto debéis auxiliarme vosotros, y no pedir que actúe de formas que me hagan perder lo que es mío. «Pero la patria no recibe ningún auxilio
de ti». Pregunto qué auxilio es ese. «¿No le construiré pór-
ticos? ¿Baños?». Y qué importa. Tampoco le da zapatos el
herrero, ni armas el zapatero. Basta con que cada uno

ejerza su oficio. ¿Acaso no auxiliarías a la patria dándole un ciudadano fiel y honesto? Así tampoco tú le serás inútil a la patria. «¿Y qué lugar ocuparé en la ciudad?». El que puedas, guardando fidelidad y modestia. Pero, si queriendo auxiliarla menosprecias estas cosas, ¿cuál será el auxilio que le darás con tu deslealtad e imprudencia?

¿Prefieren a otra persona antes que a ti en un convite, en una presentación pública o en la asamblea? Siendo buenas estas cosas, debes congratular a quien en ellas han preferido. Pero, si fueran malas, no lamentes haber sido pospuesto: acuérdate primero de que, si no haces cosas conducentes a conseguir lo que no está en nuestro arbitrio, no es posible que te sean atribuidas. Pues ¿cómo ha de poder tanto quien no frecuenta las puertas de alguno como quien las frecuenta? ¿El que no corteja como el que corteja? ¿El que no adula como el que adula?

Serás, entonces, injusto e insaciable si quieres obtener las cosas de balde y sin pagar el debido precio. ¿A cómo se venden las lechugas? Supongamos que a un óbolo.

Si uno, dando su óbolo, recibe lechugas, y tú, no dándolo, no las recibes, no te tengas por menos que el que las recibe; pues, si este tiene lechugas, tú tienes el óbolo que no diste por ellas. Del mismo modo discurriremos en las cosas antes dichas. No fuiste convidado al banquete, pero tampoco pagaste su coste, que es el de la adulación y la lisonja. Paga, pues, ese escote si te conviene. Pero, si no quieres dar esa paga, y sí disfrutar de la comida, es que eres avaro y necio. ¿Y nada te queda en desquite de no haber comido? Sí, te queda el no haber adulado ni sufrido al convidante.

33

El designio de la naturaleza se puede conocer a partir de aquellas cosas sobre las cuales no estamos en desacuerdo. Por ejemplo, si el sirviente del vecino quiebra un vaso u otra cosa, a la mano tienes decir: «Son cosas que ocurren con frecuencia». Has de saber, pues, que, aunque se quiebre el tuyo, conviene que seas el mismo que fuiste cuando se quebró el ajeno. Traslado esta doctrina a casos mayores. ¿Murió el hijo o la mujer de otro? Nadie hay que no diga que la mortalidad forma parte de la naturaleza humana. Pero aquel a quien se le muere es el que clama: «¡Ah, desdichado de mí!». Deberíamos acordarnos de cómo reaccionamos cuando les sucede a otros.

34

Así como el blanco no se coloca para que erremos, tampoco la naturaleza del mal está en el mundo para que erremos. Si alguien expusiese tu cuerpo al maltrato de cuantos pasasen, te indignarías. Pero, si le confías tu mente a cualquiera, para que la entristezca y la inquiete, ¿no sientes acaso vergüenza? Emprende las cosas considerando primero los antecedentes y sus consecuencias. Si no lo haces así, resultará que al principio las abordarás animosamente, despreocupado ante las consecuencias, y después de darse algunos errores habrás de pasar por el rubor que te causen.

35

¿Quieres vencer en los Juegos Olímpicos? También lo quisiera yo, por cierto, como cosa tan aplaudida. Pero considera primero los antecedentes y las consecuencias, y emprende luego la cosa. Deberás guardar el orden establecido: comer por fuerza, abstenerte de comida de poca sustancia, ejercitarte por necesidad en determinadas horas, en calor, en frío, no beber agua fría ni tampoco vino, como es costumbre. En una palabra, te habrás de someter al régimen del entrenador de gladiadores, igual que harías con el del médico. Después tendrás que presentarte en la palestra y a la lucha. Entonces te lastimarás la mano, sufrirás una torcedura de pie, tragarás mucho polvo, recibirás muy buenos golpes y después de todo esto, quizá, serás vencido.

Considerados estos extremos, sal a la palestra si tienes ánimo. Pero, si no lo tienes, harás como los muchachos, que en sus juegos ya imitarán a los atletas, ya a los músicos, ya a los gladiadores, ya a los trompeteros, ya también a los actores trágicos. Así tú, ahora atleta, gladiador después, luego retórico, después filósofo y, por fin y a la postre, nada de todo. De esta manera harás como el mono, imitando cuanto veas y pasando de unas cosas a otras, por no haber considerado una y otra vez primero lo que emprendías, sino que seguiste neciamente tus aprehensiones.

Así algunos, viendo a un filósofo y habiendo oído hablar a alguien como habla Éufrates, aunque quién pudiera llegar a hablar como él, al instante se quieren meter a filósofos.

Examina, pues, primero cuál es la cosa, luego mira si tus fuerzas pueden sobrellevarla. ¿Quieres competir en las cinco pruebas o luchar en la palestra? Examina tus brazos, tus muslos y tus lomos, pues lo que proporciona la naturaleza hace que cada uno valga para una cosa. ¿Crees que emprendiendo este oficio podrías comer igual, beber igual, padecer los mismos fastidios? Deberás velar, trabajar, apartarte de los tuyos, soportar el desdén del joven sirviente. En todas las cosas te verás postergado, en el honor, en el mando, en la justicia y en cualquier asunto. Así que examínalo bien, si a cambio de todo esto quieres obtener la quietud, la libertad, el sosiego. Si no obras así, procura no hacer como los muchachos y no ser ahora filósofo, ahora recaudador, luego retórico y después criado de César. Estas cosas son discordantes. Debes ser solo un hombre, bueno o malo. Has de cultivar tu propia voluntad o las cosas de fuera; aplícate bien a lo que hay en ti o a lo externo, es decir, has de ser o filósofo o plebeyo.

Los deberes en general deben medirse por las relaciones. ¿Es ese hombre tu padre? Has de cuidar de él, obedecerle en todo, recibir sus reprimendas y no menos sus castigos. «Pero este padre es malo». ¿Es entonces tu vínculo natural con un buen padre? No, sino solo con un padre. ¿Te injurió tu hermano? Pues no dejes para con él el estado que tenías antes, ni repares en lo que él hace, sino haz lo que debas, conservando tu voluntad en conformidad con la naturaleza. Nadie te causará daño si tú no lo quieres, pues únicamente lo padecerás cuando consideres que lo padeces. Si procuras observar estas disposiciones o hábitos, hallarás el favor del vecino, del ciudadano, del jefe.

Debes saber que, respecto al culto a los dioses, lo primero y principal es tener de ellos opiniones rectas, es decir, saber que existen, que rigen bien y justamente el universo, que nos hemos de humillar ante ellos, obedecerlos en todas las cosas y ejecutarlas voluntariamente, como procedentes de un ser supremo. De esta forma nunca les harás reproches, ni te quejarás de que te desasisten. Esto no se puede conseguir sino desestimando las cosas que no están en nuestro arbitrio, y poniendo bienes y males solo en aquellas que sí lo están. Porque, si supones absolutamente bueno o malo algo de las primeras, será por fuerza que no logres lo que deseas, y que caigas en lo que no deseas, culpando y aborreciendo a los causantes. Dio la naturaleza a todos los animales el instinto de huir y evitar todas las cosas que les parecen nocivas, así como de sus causas; y también les dio el instinto de seguir admirablemente las cosas que son provechosas, así como sus causas. No es posible, pues, que quien se imagina objeto de algún daño se alegre de lo que cree que le perjudica, como tampoco puede uno alegrarse del daño mismo. De ahí que incluso a un padre lo trate mal el hijo cuando no le da lo que este cree que son sus bienes. Por esta causa sucedió la guerra entre Polinices y Eteocles, teniendo los dos el reinar por cosa buena; por esta causa, el labrador blasfema de los dioses; por esta, el navegante; por esta, el mercader; y por esta, los que pierden mujer e hijos.

Solo hay religión donde hay conveniencia. Quien procura, pues, adquirir o evitar las cosas como le conviene, en eso mismo es religioso. Se ha de libar, se ha de sacrificar, se han de ofrecer las primicias a cada deidad según el rito patrio, pura y castamente, no con lascivia, negligencia, sordidez ni exceso.

¿Consultas a adivinos? Recuerda que ignoras el éxito de lo consultado, y que es para saberlo que lo consultas. Y que, en tanto que eres filósofo, la naturaleza del asunto la sabías antes de acudir. Porque, si se trata de cosas que no están en nuestra mano, de ningún modo pueden ser malas ni buenas. No lleves, pues, a los agoreros deseos ni aversiones; si los llevas, irás a ellos temblando. Debes entender primero con claridad que todo evento te es indiferente y no te pertenece a ti, sea como sea, y que está en tu mano sacar provecho de él sin que nadie te lo estorbe. Acude, pues, confiado a los consultores y a los dioses. Si te aconsejaron algo, mira bien quiénes te lo aconsejaron, y a quiénes desobedeces si lo desestimas. Recibe los oráculos como Sócrates quería que se recibiesen, a saber, sobre cosas cuya consideración esté relacionada por completo con el evento, y cuando ni por raciocinio ni por ningún otro arte se pueda descubrir lo que se consulta. Por eso, cuando debas defender al amigo o a la patria que se hallen en peligro, no consultes a nadie si debes o no defenderlos. Pues si el arúspice te dice que las entrañas amenazan infortunios, y consta que anuncian muerte, mutilación o destierro, pronta tienes la razón, que manda en estos lances arriesgarlo todo por el amigo y por la patria. Atiende, pues, al gran adivinador, el del Pitio, que expulsó del templo al que no acudió en defensa del amigo al que mataban.

Fija para ti mismo una fórmula o modelo que mantengas, ya estés solo o acompañado de otros.

41

Guarda silencio en cuanto puedas o habla lo necesario solamente, con las menos palabras posibles. Rara vez, y solo si lo pide la ocasión, sal a hablar de las cosas de las que se suele: no de gladiadores, ni de circenses, ni de atletas, ni de comidas ni bebidas. Y si hablas de personas, no reprendas ni alabes ni hagas comparaciones entre ellas.

42

Con tu conversación, procura que la de quien esté contigo verse sobre los temas que convienen. Y si te ves entre extraños, calla.

43

La risa, que no sea mucha, ni por muchas cosas, ni des-
moderada.

44

Evita, si puedes del todo, el juramento. Si no puedes evitarlo en todo, evítalo en lo que puedas.

45

Huye de los convites públicos y vulgares. Pero, si alguna vez los trajese la ocasión, guárdate de caer en vulgaridades. Debes entender que si los compañeros están corrompidos, se corromperá también el que se les arrime, por más puro que esté.

46

Admite solo las cosas que le son necesarias al cuerpo, como la comida, la bebida, el vestido, la casa, la servidumbre. Pero proscribe lo que solamente sirve al fasto y a las delicias.

Procura con todas tus fuerzas conservarte puro de las cosas venéreas mientras no estés casado. Si las tocas, que sea legítimamente. Pero no molestes ni reprendas a los que las usan, ni te alabes de tu continencia.

48

Si alguno te anuncia que otro habla mal de ti, no contradigas el anuncio, sino responde: «En verdad que no sabía él de otros vicios que yo tengo; pues, de haberlos sabido, no habría dicho aquellos solo».

49

No es necesario frecuentar mucho los espectáculos; pero, si la coyuntura lo pidiera, no ostentes cuidarte de otros, si-no solo de ti mismo. Esto es, desea que se haga solo lo que se hace, y que venza quien vence. Así no te verás contrariado. Te abstendrás absolutamente de clamores, risas y de grandes conmociones. Aun después de haber salido del espectáculo, no hables mucho de lo ejecutado en él, puesto que de nada sirve para tu corrección. De lo contrario parecerá que te ha maravillado lo que viste.

No concurras fácilmente a los corrillos, pero, en caso de hallarte en alguno, guarda gravedad y compostura, y no resultes molesto a nadie.

Cuando tengas negocio que tratar con alguno, singular-
mente con superiores, plantéate primero qué es lo que
harían en aquel caso Sócrates o Zenón. Así no te verás
dudoso sobre lo que debes hacer en el negocio.

52

Cuando vayas a ver a algún poderoso, imagínate que no lo hallarás en casa, o que no te dejan pasar, que se te cierran las puertas, a la sazón estará recogido que ningún caso te hará. Si con todo eso conviene ir, sufre lo que venga: no te digas jamás que no era para tanto, pues esto es de gente plebeya y de quien mira las cosas por fuera.

53

En las conversaciones familiares abstente de narrar pro-
lijamente y reiterar tus hechos y peligros, pues, aunque
tú gustes de referir sus hazañas y sucesos, a los otros no
les será grato oírlos.

54

También debes evitar mover a risa, pues ello deriva con facilidad en idiotismo, y al mismo tiempo es capaz de degradar el concepto que de ti tengan tus amigos.

También es peligroso intervenir en asuntos obscenos. Si tal caso aconteciera, reprenderás al que los trate si tienes ocasión oportuna, pero, si no, al menos con el silencio, con el pudor del aspecto y con la tristeza le mostrarás que te desagradó lo que dijo.

56

Si concibieras en el ánimo la imagen de algún deleite, refrénate de forma que no te arrastre. Examina luego la cosa bien, y tómate alguna tregua en ello. Acuérdate después de los dos tiempos, a saber, de aquel en que gozabas el deleite y de aquel en que, una vez gozado, te habrás arrepentido. Así verás como te reprendes a ti mismo. Compara, pues, aquellas cosas con estas.

Si te abstienes, te alegrarás luego y te congratularás a ti mismo. Pero, si te pareciera ocasión de abrazar el deleite, mira que no te venzan sus halagos, sus dulzuras y sus lisonjas. Opón las ventajas que trae ser consciente de haber alcanzado esa victoria.

57

Cuando hagas alguna cosa sabiendo que se debe hacer, no huyas de que te vean haciéndola, por más que muchos hayan de juzgar diversamente. Pues, si cometieras un error, tú mismo huirás de lo hecho; pero, si has acertado, ¿qué tienes que temer de los que reprenden mal?

58

Así como las proposiciones «De día es», «De noche es» tienen mucha fuerza y verdad tomadas en sentido disyuntivo y ninguna tienen tomadas en sentido compuesto; así también el hecho de asignarse la parte más grande de lo que se sirve en la mesa le vale mucho al cuerpo, pero en el trato con los demás asistentes a un convite implicará mucha inconveniencia, y es menester evitarlo. Cuando comas, pues, con otro, acuérdate de que no solo has de mirar por la dignidad y lo que aportan a tu cuerpo los alimentos que se sirvan, sino también respetar al convidante como corresponde.

Si quieres hacer un papel superior a tus fuerzas, lo desempeñarás mal, y dejarás de ejecutar aquel del que sí eres capaz.

Como cuando caminas atiendes a no pisar algún clavo, o a no torcerte el pie, así también debes atender a no vulnerar tu mente ni tu juicio. Si observamos esto en todas las operaciones, las ejecutaremos con más seguridad.

61

A cada uno será su cuerpo la medida de los haberes, así como el pie lo es del zapato. Si estás en esto, guardarás medida; pero, si te pasas, necesariamente serás llevado como en precipicio. Valga como ejemplo el mismo zapato. Si atiendes a otra cosa que a guardar el pie, te harás zapatos dorados, luego purpúreos, y después pespuntados o bordados. Una vez excedida la medida, ya no hay límites.

Las mujeres, después de los catorce años, son llamadas
«señoras» por los hombres. Entonces, viendo que no es
otro su cometido que agradarles, comienzan a adornar-
se, y en ello ponen todo su ahínco. Por eso es menester
advertirlas de que no serán honradas por otra cosa que
por honestas, recatadas y templadas.

Es señal de demencia ocuparse demasiado en cosas del cuerpo, como el sobrado ejercicio, el exceso de comida y bebida, la excesiva evacuación de vientre, copular en demasía. Estas cosas se han de tomar como de pasada y poner toda la atención en las del ánimo.

64

Cuando alguno te maltrate de obra o palabra, piensa que ese pensó que debía hacer y hablar así porque se creía con derecho, y que no era factible que siguiera tu dictamen, sino el suyo. Si juzgó mal, se hizo el daño al haber sido objeto del engaño. Porque, si uno juzga a partir de las falsas apariencias, no es el juicio lo que se daña, solo lo es el hombre que se engañó por no discernirlas.

65

Dos asideros tiene cada cosa: uno tolerable y otro intolerable. Si tu hermano te hace injuria, no la tomes por la parte en que es injuriosa, pues esta es la intolerable. Tómala por la tolerable, diciendo que se trata de tu hermano, que se crio contigo.

66

No tienen coherencia ni rigen estas proposiciones: «Soy más rico que tú, luego soy mejor que tú», «Soy más elocuente que tú, luego también mejor». Pero rigen estas: «Soy más rico que tú, luego tengo más dinero», «Soy más elocuente que tú, luego mi decir es mejor que el tuyo». Pero tú ni eres dinero ni dicción.

¿Se baña alguien con prisas? No digas que se ha bañado mal, sino pronto. ¿Bebe uno mucho vino? No digas que bebió mal, sino que mucho. Mientras no sepas su propósito, ¿de dónde coliges que bebió mal? Procediendo así, te desacostumbrarás a resolver atropelladamente y a dar asenso a meras apariencias.

68

En ningún modo te llames filósofo, ni sobre principios o doctrinas discurras mucho con idiotas. Por ejemplo, en un convite no digas de qué modo se debe comer, sino come tú como se debe. Ten presente que así desterró Sócrates el fasto por todas partes. Lo buscaban quienes solicitaban que los recomendase a filósofos, pero él los acompañaba. En tanto grado sufría su propio aprecio.

69

Por lo cual, si entre idiotas se hablara sobre algún principio o precepto, calla todo lo que puedas, pues hay gran
peligro de vomitar luego lo que no digeriste. Si dice alguno que nada sabes y tú no te molestas, que sepas que ya
has empezado el camino. Las ovejas no arrojan la hierba
ante los pastores para indicarles la cantidad comida, sino
que lo hacen digiriendo en su vientre lo pastado y produ-
ciendo la lana y la leche. Así has de hacer tú: no desper-
dicies principios delante de los idiotas, sino dales el resul-
tado de los principios ya digeridos.

70

Si has adornado perfectamente tu cuerpo, no te vanaglories de tal cosa, ni si bebes agua digas a cada paso que bebes agua. Cuando quieras ejercitar la tolerancia, hazlo para ti y no para los demás. No abraces las estatuas y, si tuvieras mucha sed, bebe el agua y arroja el sorbo de la boca sin que nadie lo vea.

El estado y carácter del hombre plebeyo es no esperar nunca de sí mismo provecho ni daño, solo de otros. El estado y carácter del filósofo es esperar de sí mismo toda utilidad o daño.

Las señales de aprovechamiento son no reprender a nadie, no alabar a nadie, no culpar a nadie, no acusar a
nadie. No jactarse de uno mismo por ser algo o saber
algo, pues se acusa a sí mismo cuando es impedido o in-
terceptado por alguna cosa. Si alguno se alaba, ríe del
alabador. Si es reprendido no se defiende, anda como los
enfermos, temiendo ser movido de su estado antes de
tomar fuerzas. Todo deseo depende de él y transfiere la
aversión a las cosas que, de las que están en nuestro arbitrio, repugnan a la naturaleza. Los apetitos los sacia
siempre sin vehemencia. No se cuida de si es tenido por
estúpido o ignorante. Y, en una palabra, se observa a sí
mismo como al enemigo insidioso.

Si alguno se precia de poder y saber interpretar los libros de Crisipo, di tú para contigo: «Si Crisipo no hubiera escrito oscuramente, nada tendría este de que preciarse». Pero ¿yo qué procuro? Conocer la naturaleza de las cosas y seguirla. Pregunto, pues, quién es su intérprete y, oyendo que Crisipo, voy a buscarlo, pero no entiendo sus escritos. Busco un intérprete y hasta aquí todo va muy bien. Hallado el intérprete, resta solo que me aproveche de la doctrina, que es lo más importante. Porque, si solo admiro la narración, vendré a ser gramático en vez de filósofo, sin otra diferencia que la de explicar a Crisipo en lugar de a Homero. Aún me cubro más de rubor cuando me pide alguno que le exponga la doctrina de Crisipo, no pudiendo producir obras convenientes y semejantes a las palabras.

Prescríbete estas cosas como leyes, y ten por impiedad el traspasarlas. Que no te moleste lo que alguno diga de ti, pues esto no está ya en tu arbitrio.

¿Para cuándo dejas hacerte digno de lo mejor y no transgredir lo que dicta la razón? Escuchaste preceptos que debías admitir, y de hecho los admitiste. Pues ¿a qué maestro esperas aún, para cuya venida retrasas tu enmienda? Ya no eres un muchacho, sino un hombre maduro. Si todavía descuidas y retardas, si vas añadiendo dilación a dilaciones, propósitos a propósitos, días a días, después de que entres en ti mismo seguirás viendo que en nada has mejorado, y serás hombre común en vida y en muerte.

Dígnate ya a emprender una vida madura, y séate ley inviolable todo lo que encuentres que te parezca mejor. Si aconteciera algo ingrato o trabajoso, acuérdate de que entonces es el momento de luchar: son los Juegos Olímpicos y no pueden diferirse; ya perderse o salvarse en el aprovechamiento depende solo de ser vencido o victorioso. Así hizo Sócrates guiándose a sí mismo en todo y no escuchando a nadie sino a la razón. Tú, si no eres todavía Sócrates, debes vivir deseando serlo.

El primero y más necesario lugar filosófico es el del uso de los principios, como el de «no mentir». El segundo el de las demostraciones, a saber, por qué no hemos de mentir. Tercero, el que confirma estas demostraciones y las distingue, como «¿Por qué razón es demostración esta?», «¿Qué cosa es demostración?», «¿Qué es consecuencia?», «¿Qué pelea?», «¿Qué verdad?», «¿Qué mentira?». Por esto el tercer lugar es necesario para el segundo, y el segundo para el primero. El primero es el más importante y en el que debemos descansar. Pero nosotros hacemos lo contrario: nos paramos en el tercero, ponemos en él todo nuestro cuidado y abandonamos del todo el primero. Así mentimos teniendo presente la demostración de que no se debe mentir.

77

En todo principio de obrar deseemos lo siguiente: «Guíame, Zeus, y tú también, hado, adonde queráis: seguiré con diligencia. Y si no lo hago y mi voluntad repugna, seguiré sin embargo».

78

Quien se conforma bien con la necesidad es un sabio entre nosotros, e instruido en las cosas divinas.

Oh, Critón, si así lo quieren los dioses, así se haga. Anito y Melito pueden matarme, pero no perjudicarme.

Impreso en España
en el mes de septiembre de 2023

Títulos de la colección Great Ideas